T0369988

EL LIBRO DE LAS PRIMERAS VECES

Petites Lunes

EL LIBRO DE LAS PRIMERAS VECES

Petites Luxures

cincotintas

Prólogo

Tanto si tiene éxito como si no y ya sea un acontecimiento memorable o no, lo que no se puede negar es que «la primera vez» marca el comienzo de la vida sensual de todos; y, aunque es habitual que las experiencias posteriores acaben enterrando poco a poco esa primera etapa en lo más profundo de la memoria, no deja de ser una especie de rito de paso iniciático que nadie olvida del todo.

Esta primera experiencia casi nunca se planifica y suele suceder en los raros lugares y ocasiones que brindan algo de intimidad a dos personas que descubren sus cuerpos mutuamente.

Este libro recoge cincuenta testimonios de «primeras veces», cincuenta historias iniciáticas y cincuenta lugares que albergaron esos primeros abrazos y que han inspirado cincuenta ilustraciones.

First time, a riesgo de hablar de peras y manzanas...
Aparcó su viejo dos caballos color crema al borde de un huerto, justo a la sombra de un manzano.
El verano llegaba a su fin, el sol se ponía y el aire olía a azúcar, tierra y fruta ácida.
Pasamos al asiento de atrás y me puse encima de él.
Estábamos tan asustados como excitados, pero por suerte cayeron un par de manzanas sobre el capó, nos echamos a reír y la tensión se disipó.
Fue mágico. Jamás olvidaré esa primera vez.

Frédérique

¿Mi primera vez?
Fue durante el Festival de cine fantástico de Avoriaz, en 1990.
¡Por suerte, lo único que daba miedo era la película!

Denys

Mi primera vez o, mejor dicho, mi primera vez con una mujer, porque ahora soy lesbiana, fue en una pista de tenis en el campo, de noche. La pista no se veía desde la calle, porque estaba rodeada de abetos altísimos, un estadio y un campo donde pastaban vacas. Es decir, no había nadie.

Le había propuesto jugar al tenis, pero ella tenía pensado jugar a otra cosa y el partido tomó un cariz muy distinto.

Menos mal que era verano y no llovía.

Faustine

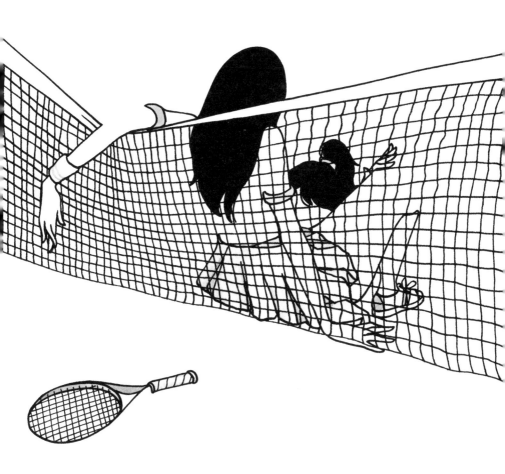

Tenía dieciséis años y era una ingenua estudiante de secundaria cuando conocí a quien es mi compañero de vida desde hace diez años.

Él vivía en Lyon y yo, en el sur (en Fontvieille, el molino de Daudet, pistas de petanca... vamos, todo el folclore).

Era noviembre en Provenza. El primer beso y la primera vez, dedos torpes sobre el millar de botones de la bragueta de los Levi's, casi imposibles de desabrochar con manos temblorosas. Un tío de los pies a la cabeza emprendió la exploración de las colinas de las Alpilles, tanto literal como figuradamente.

Para revivir el sol de verano y el canto de las cigarras.

Lou

Mi primera vez fue en un campo con F., mi novio italiano, y con la moto aparcada a dos metros, en pleno día. Solo llevaba puestas las botas de agua.

Alexandra

Mi primera vez fue hace quince años, cuando yo tenía quince (ha llovido bastante desde entonces). Había conocido a una chica por internet (por Skyblog) y nos enamoramos a base de conversar. Sin embargo, era una relación a distancia: yo vivía en París y ella, en Gap. No nos habíamos visto nunca, hasta que, un día, mi madre anunció que nos íbamos de vacaciones a esquiar a una estación que había cerca de donde ella vivía y dijo que se podía venir con nosotras un fin de semana.

Mi madre y sus amigas habían alquilado un chalé con vistas a la montaña. Como éramos muchas, mi novia y yo compartíamos una «habitación» que más que habitación parecía un trastero bajo las escaleras, angosta y con el espacio justo para una cama. Sin embargo, era acogedora y tenía vistas a las montañas nevadas. Y allí sucedió todo.

Lola

En un hotel de montaña en Italia, en una tumbona al sol
y junto a la piscina.

DomeNico

Era mi primera vez y no me atrevía a decírselo.

Estábamos en su habitación de adolescente, cada vez más excitados.

Nos desvestimos, nos quedamos en ropa interior y... oh, demasiado tarde.

Ella se echó a reír, me tranquilizó y me dijo: «Me alegro de que no sea tu primera vez, porque me sentiría aún más presionada»; luego pasamos una noche maravillosa e inolvidable.

No le confesé la verdad hasta varios meses después.

Jonathan

Fue detrás de un coche, cerca de la playa.
Fue tierno, pudoroso, titubeante y un poco doloroso.
Es cierto que no ha sido la mejor, pero sí fue la primera vez.

Héloïse

Nuestra primera vez fue hace veinticuatro años... En su dormitorio de adolescente, con una cama de madera que crujía, con cabecero y pies, y con la suegra al otro lado de la puerta... nos hicimos una fotografía de recuerdo los dos antes de que yo volviera a mi casa en moto.

Julie

En una buhardilla, con la lluvia cayendo sobre el tragaluz
y difundiendo un frescor húmedo y con la imagen
de un campanario a lo lejos.

Camille

Mi primera vez fue en el coche cama de un tren nocturno, de vuelta de Italia.

Hélène

Mi primera vez fue en el minifestival «la fête des Petits Pois» en un barrio de París, con el cantante de un grupo de metal local.
Estuvimos juntos durante los doce años siguientes y asistimos a todos los festivales que pudimos durante ese tiempo... era como una especie de homenaje.

Aurélie

Lo hice por primera vez a los dieciséis años.
Vivía en un bonito pueblo rodeado de bosques en los meandros del Marne.
Pasaba mucho tiempo al aire libre.
La primera vez que hice el amor, fue en una cabaña en el bosque, cerca del Marne.
Hacía buen tiempo y escuchaba la naturaleza que me rodeaba, mientras los rayos de sol entraban por los resquicios de la cabaña.

Émilie

Mi primera vez fue en el suelo de mi dormitorio.
Sentados en el suelo, sobre el parqué de madera.
Teníamos al lado un juego de mesa, con las piezas desparramadas.
Luego seguimos arriba, en mi litera individual.
Tenía una colcha de Spiderman.

Achille

Fue al final de la vendimia, en la parte trasera de una Citroën C15 (blanca) sobre una lona (azul) que me rascaba las nalgas.
Ahora tengo cierta debilidad por las C15.

Sophie

Mi primera vez fue en Nantes, durante la mudanza de uno de los amigos de mi novio. Fue en el salón, en un colchón hinchable individual.
Su amigo dormía en el dormitorio.
Aún no lo sabe, ¡pero inauguramos su piso antes que él!
Ni se me había pasado por la cabeza que mi primera vez pudiera ser en casa de otro.

Lou-Leen

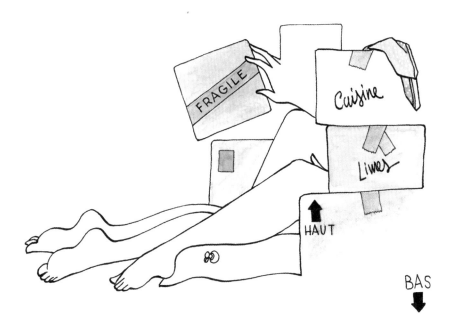

En un estadio de fútbol.
Pasada la medianoche.
No había partido.
¡Solo jugábamos nosotros!

Natalia

Fue mi única vez con una chica, pero también mi primera vez. Pasó en el vestuario de la piscina municipal del barrio, con una amiga con la que iba a nadar de vez en cuando.

Llevábamos todo el rato jugando en el agua y, cuando nos tuvimos que ir porque la piscina iba a cerrar, se me acercó, me besó y me recorrió el cuerpo con las manos en cuanto la puerta del vestuario se cerró tras nosotras.

Debo decir que, desde entonces, el olor a cloro es todo un símbolo para mí.

C.

Habíamos quedado en secreto y nos internamos por una pista forestal. Aparqué el coche y pusimos una manta en el suelo. Tras el primer beso perdí la noción de todo, pero de repente me vi con la falda negra de vuelo sobre la cabeza. Y ése fue el comienzo de nuestra historia sensual, sexual y, sobre todo, amorosa...

Cécile

Verano de 1996.
Oakland, California.
Yo tenía dieciséis años y él acababa de llegar a California. Lo conocí en un curso de verano en la universidad. Primera noche en su apartamento vacío, mi primera vez. No había ni un mueble, era un apartamento clásico, de esos que abundan en California y cuya puerta da directamente a la calle. En el salón, con la cocina americana, los típicos fogones de gas y estores de listones que dejaban pasar la luz de la piscina, aún iluminada.
En el suelo, una moqueta espesa. Aún veo la sombra de la demarcación con el linóleo de la cocina.
Fue dulce, aunque un poco surrealista.

Nathalie

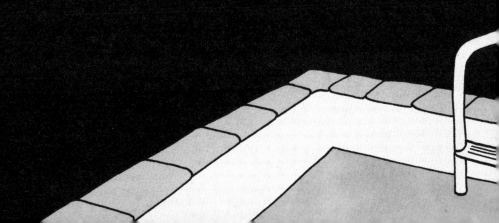

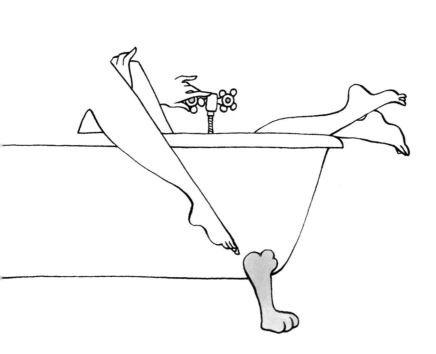

¡Nuestra primera vez fue en una bañera!
Era una fiesta de aniversario con toda su familia y habíamos bebido
un poco... acabamos en el cuarto de baño y me saltó encima, borracho,
en la bañera.

Charline

La primera vez fue en un ascensor hacia las tres de la madrugada...
un recuerdo fantástico.

Clémentine

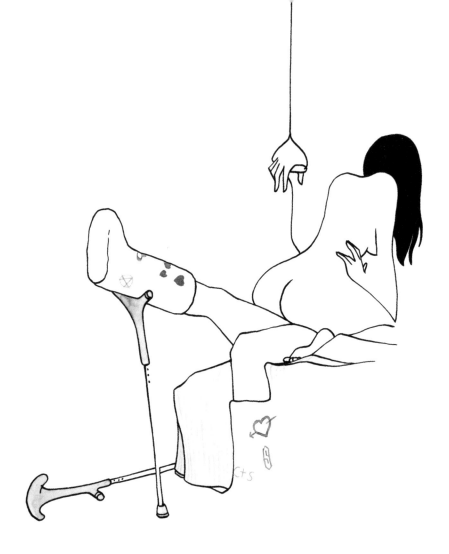

Sallanches, Alta Saboya, en un valle entre montañas.

Había estado ingresado en el hospital durante dos meses, tras un accidente de ciclomotor, y tanto ella como yo estábamos impacientes.

Al día siguiente de que me dieran el alta, a las ocho de la mañana, llamó a la puerta. Yo iba con muletas, pero «anduvimos» marcha atrás hasta la cama sin dejar de besarnos.

Ella se puso encima e hizo todo el trabajo...

¡Yo tenía cinco fracturas de pelvis!

Maël

Mi primera vez fue en París, esperando reserva en un hotel, con momentos robados a lo largo del día y precalentando en el hayedo del jardín de las Tullerías y en los pasillos subterráneos del Louvre...

Anne-Lise

Soy un chico y mi primera vez fue con otro chico. Manteníamos la relación en secreto, porque yo me aceptaba, pero él no. Nadie sabía entonces que nos acostábamos y nadie lo sabe ahora, siete años más tarde. Quedábamos a escondidas en su casa, cuando en la mía había gente. En su habitación, en su cama individual, pegada a la pared, nos habíamos acostumbrado a masturbarnos el uno al lado del otro. Y ese día, sentí un deseo irrefrenable de dejar que mi mano y mi boca recorrieran su cuerpo. Así que me lancé. Le propuse chupársela. Estábamos tan excitados que no pasó mucho antes de que me pidiera que parara porque estaba a punto de llegar. A continuación, me hizo lo que yo le acababa de hacer a él y reaccioné de la misma manera, fue rapidísimo.

Me sentía bien, libre, me sentía yo mismo. Mi primera vez fue tierna, aunque rápida. No la olvidaré nunca.

Raphaël

La primera vez fue en una colchoneta enorme en un camping cerca de mi casa, una noche de verano...
Fue un lugar atípico.

Aly

En mi caso, fue en la buhardilla de mi casa. En pleno campo. El calor de una tarde de primavera bajo las tejas. Una casa antigua, de madera. Un colchón entre baúles viejos y periódicos amontonados. Es un buen recuerdo, cálido y apasionado.

PM

Mi primera vez fue en el dormitorio de mi novio de entonces. Era una buhardilla con tragaluz y lo que me marcó (porque es lo que veía) fue el papel pintado, con raquetas y pelotas de tenis. No fue muy glamuroso, pero me río cada vez que me acuerdo.

Rachel

Mi primera vez fue cuando viajé a Madrid para ver a mi amiga Aurora. Fuimos al Museo del Prado y nuestros dedos se rozaron por primera vez frente a *La maja vestida* de Goya. Cuando volvimos a casa, nos convertimos en dos majas desnudas.

Donna

Fue en una cama grande, con sábanas azules de rayas que recordaban
a velas de barco agitadas por el viento, apasionadas y perdidas
en el océano.

Alexia

Nuestra primera vez fue en la cocina de sus padres.
Eran vacaciones, la casa estaba vacía y las baldosas, frías, aunque pronto
me di cuenta de que eso no nos iba a importar a ninguno de los dos.
(¡No se lo cuentes a sus padres!)

B&B

Tengo cincuenta y dos años, así que hace ya mucho de mi primera vez...
Sin embargo, la tengo tan grabada en la memoria que la recuerdo
como si fuera ayer.
Fue en verano de 1990. Tenía veinte años y había ido a Budapest con una
mochila por todo equipaje, para descubrir los países del Este que se acababan
de abrir tras la caída del muro de Berlín.
En Budapest, yendo de bar en bar, conocí a una chica, que también tenía
veinte años. Había aprendido francés en el instituto y estudiaba Bellas Artes.
Me enseñó la ciudad y me descubrió un Budapest oculto.
Por la noche, fuimos a pasear a la colina de Buda, la otra mitad de Budapest,
para ver la ciudad desde las alturas, desde el castillo de Buda.
Allí fue nuestra primera vez, en una de las murallas del castillo, con una
magnífica vista sobre un Budapest iluminado por la luna que esa noche
brillaba en el cielo...
Yo estaba sentado en un banco, con los pantalones bajados, y ella se sentó
encima de mí a horcajadas, con la falda levantada. Aunque no era su primera
vez, fue intenso, dulce, excitante y agradable.
Esa fue mi primera vez, esa vez que no se olvida nunca.

Mo

Paseo por el casco antiguo de Le Mans, entre casas con vigas de madera, con dieciséis años y junto a una rubia muy guapa. Primeras caricias y besos en la calle Verrerie. Bajamos a un jardín público por unas escaleras, acariciándonos las zonas más erógenas del cuerpo, con las manos bajo la ropa del otro y vista a la puesta de sol, las flores, el pueblo más abajo y casas antiguas alrededor. Tenía las llaves de mi club de tiro al arco y fuimos allí en busca de un poco de intimidad donde explorar nuestros cuerpos ahora desnudos, sin prisas y en las duchas del vestuario y sobre los bancos de madera.

Guillaume

Mi primera vez fue a 10 000 kilómetros de casa, en Japón, en un pequeño apartamento de Ginza, con un japonés guapísimo. Me acuerdo de un detalle: la cama ocupaba casi todo el apartamento.

Lo conocí en una fiesta, cuando me dijo en inglés: «Eres la chica más guapa que he visto en toda mi vida». Recuerdo que llevaba un vestidito azul de volantes. Bailamos y me metí con él en un taxi sin dudar (en Francia era mucho más prudente). Nos pasamos dos días encerrados en su casa, leyendo mangas y comiendo pizza desnudos, o corriendo por la calle como un par de críos.

En Japón, la gente no se besa por la calle, pero a él le dio igual; de hecho, creo que incluso se enorgullecía de hacerlo. La cultura occidental lo atraía mucho, como a mí la japonesa. Creo que eso nos unió.

Soy francesa, pero tengo raíces japonesas, y creo que tuve que ir a la otra punta del mundo para descubrir mis raíces, esa cultura y esos paisajes magníficos, para que todos mis chakras se abrieran.

Siento una ternura infinita por esos momentos y también por ese lugar.

Recuerdo que me dije: «ya está, lo tengo».

Me alegro de haber aprendido japonés.

Más tarde, me acordé mucho de él y me comparaba con Marguerite Duras en *El amante*. Ella también encontró a su amante en Asia.

Me alegro de haber encontrado a mi primer amante en Japón.

Clémence

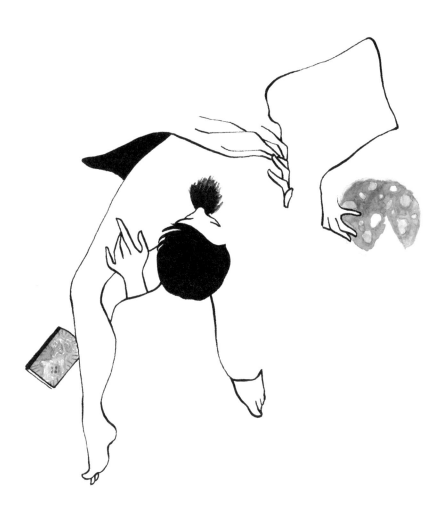

Nuestra primera vez fue en el sótano de nuestro bloque.
Ella vivía en el séptimo y yo en el cuarto. Ella había bajado la basura y yo
estaba reparando mi bicicleta. Nos descubrimos en la penumbra del sótano,
dos siluetas fundiéndose en silencio.

Louise & Oscar

Mi primera vez: en 1996, una tarde de septiembre en Normandía al borde del acantilado entre el golfo de Étretat y el camino de los aduaneros.
Vimos el arco de piedra y el ojo de la aguja.
Teníamos dieciocho años. Éramos torpes.
Unos preliminares largos.
El descubrimiento del cuerpo del otro para unos segundos de placer.

Ludovic

En Toulouse, me invitó a tomar un café en su casa tras todo un día paseando por las calles durante la Fiesta de la Música.

Su casa tenía jardín. Al final, pasó en el umbral. En serio, en el umbral, desnudos, en la calle. Era de noche, pero no estaba oscuro del todo, porque estábamos en la ciudad. Como la casa de un vecino daba al jardín, el mejor lugar para que no se nos viera era justo ahí, donde estábamos. En el umbral, en el suelo: el torso dentro, las piernas fuera. Y yo a horcajadas sobre él.

Sonia

Mi primera vez fue en una caravana,
en el terreno de mi mejor amiga de entonces,
con un chico de quien estaba perdidamente enamorada.

Aline

Quedamos un fin de semana en París y no habíamos previsto dónde dormir...
Bueno, como era de esperar, todos los hoteles estaban llenos y acabamos en la
parte trasera de su viejo Volvo Break... Fue muy fuerte.

Camille et Manu

Diecisiete años.

Era Semana Santa y estaba pasando unos días en casa de mi abuela, un edificio enorme del siglo XIX en el centro de un pueblecito de Berry. Había hecho algunos amigos, entre ellos una chica de la misma edad que yo y con quien había intercambiado más de una mirada cargada de intención. Una tarde, vino a verme en bicicleta y, aprovechando que mi abuela dormitaba frente al televisor, la hice entrar por la cocina y subimos a una de las buhardillas. Cerramos la puerta y nos desnudamos en silencio, con el único sonido de nuestras respiraciones impacientes. Luego, nos arrojamos a una gran cama blanda y cubierta de almohadas, y desaparecimos bajo el grueso edredón. Recuerdo la suavidad de su piel y el calor de su cuerpo entre toda esa tela que nos envolvía. Cuando se volvió a montar en su bicicleta, despeinada, mi abuela seguía roncando frente a la pantalla.

Alban

Mi primera vez con mi novio fue en una cama doble
al lado de una amiga que dormía...

Louisia

Fue una noche de verano.

El campo que rodeaba el castillo de los amigos que nos habían invitado resonaba con todos los murmullos nocturnos.

En el dormitorio, en el segundo piso, abrió de par en par los batientes del gran ventanal y, desnuda, aprovechando la temperatura agradable de esa noche, se inclinó hacia adelante y apoyó los antebrazos en la barandilla de hierro forjado. Me daba la espalda, mientras miraba la luna casi llena ascender en el cielo, sobre el enorme cielo azul nocturno, sobre los árboles del parque.

Mientras admiraba sus curvas en la semioscuridad, volvió la cabeza un poco hacia mí, me miró a los ojos y, como si nada, se arqueó todavía un poco más, mientras observaba mi reacción.

Me incliné hacia ella, que, con los ojos brillantes, tímida y valiente a la vez, me regaló... ¡la luna!

Fue mi primera exploración orbital y, más adelante, supe que también había sido la suya.

Aunque el Apolo logró su hazaña en 1969, no hubiera cambiado (ni cambiaría ahora) la incandescencia de esos instantes por todos los primeros pasos en el espacio.

Además, puedo afirmar que la sigo queriendo.

Yag

Verano de 1999. Hacía un año que estábamos juntos. Él era mayor de edad, yo aún no. Fueron las primeras vacaciones juntos, en el camping municipal de La Turballe (llevábamos la autorización de mis padres en la guantera del Fiat Panda). Esa tienda de campaña fue nuestro nido de amor durante una semana de descubrimientos y de placer.

Élise

Nuestra primera vez fue encima de la lavadora, en un cuarto de baño muy pequeño junto al salón donde todos los primos de mi novia (a quienes había conocido ese día) estaban de celebración.
Íbamos disfrazados y maquillados y, cuando salimos del cuarto de baño, todos me miraron de arriba abajo: llevaba la cara llena del maquillaje de mi novia.

Y&M

Mi primera vez con una mujer (soy una mujer) fue en un parking subterráneo en Lyon, el de «La Fosse aux ours» (La Osera), en un coche, un Opel.

Lena

Era voluntaria en una asociación ecologista que recogía el plástico del mar desde un gran velero. Él era oficial a bordo y supervisaba la navegación y la limpieza. Esa noche estábamos frente a la costa de Marsella, en pleno mes de agosto. Yo me iba al día siguiente. Durante la fiesta de esa noche, la última que pasaría en el barco, se me acercó y me propuso que me acostara con él, aunque apenas habíamos intercambiado dos palabras durante la semana anterior. Nos escabullimos e hicimos el amor bajo las estrellas, a salvo de miradas ajenas sobre el castillo de cubierta y en el puente. Pasamos la noche en vela. Me dije que era una buena ocasión para vivir mi primera vez.
Por cierto, ¡hace ya cuatro años que estamos juntos!

Agathe

Pasó en mi dormitorio, en la residencia universitaria, sobre el colchón individual que había puesto en el suelo (ahora ya no recuerdo por qué no usaba el somier). Ella estudiaba en la universidad femenina de la ciudad de al lado. Era muy pudorosa y quiso que apagara la luz. Comenzamos a hacer el amor y le dije algo como: «Me gusta mucho, quiero verte». Aceptó, encendí la lámpara de la mesita de noche y la devoré con la mirada. Verla hizo que todo fuera más excitante todavía y sentí que me ponía aún más duro dentro de ella. Cuando vio lo mucho que me excitaba mirarla (me lo dijo luego), sonrió y me atrajo hacia ella, para que la besara. Y seguimos…

Fue una noche excitante y tierna a la vez, pero tuvo un final agridulce al día siguiente por la mañana. La acompañé a la parada del autobús que la llevaría a su campus (ni ella ni yo teníamos coche). Allí, se puso a llorar. Le pregunté qué le pasaba y me dijo: «Ya no soy una niña». Me desconcertó tanto, me pilló tan desprevenido, que no supe qué responder.

Intenté consolarla, pero su autobús llegó y ella se fue.

Isaac

Mi primera vez fue en una litera, cuando mis padres invitaron a mi novio a que viniera a la nieve con nosotros. Tenía dieciséis años e «inocentemente» nos asignaron a cada uno una de las literas... Huelga decir que no nos quedamos allí demasiado tiempo.

And this is how it happened to be the first time for me... About twenty-seven years ago... Bueno, ¡la verdad es que ya no cuento los años!

Pomme

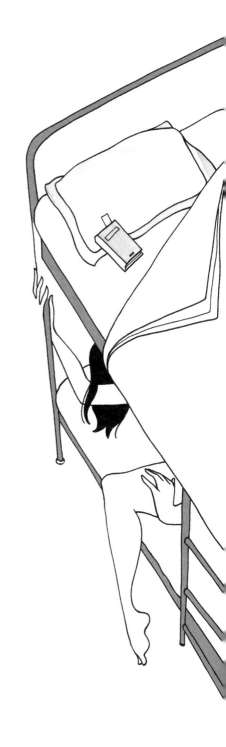

Era el último piso de una antigua casa victoriana, en Londres. La luz de la luna se filtraba por dos tragaluces e iluminaba la estancia. Mi primera vez fue con mi novia de la época, una chica muy sensual, con melena pelirroja y rizada. Recuerdo la sensación extraordinaria e inmersiva que sentí cuando me deslicé lentamente en ella, entre sus muslos cálidos y húmedos. Fue una sensación increíble y un recuerdo que tendré por siempre grabado en la memoria.

Michael

El autor desea dar las gracias a todas las personas que han tenido la ama-
bilidad y la confianza de enviarle estos pequeños fragmentos de intimidad
que supusieron el comienzo de su vida sensual. Y no solo a las que aparecen
en el libro, sino también a las que no se ha podido incluir por razones
de espacio.

También agradece a Céline su apoyo inquebrantable; a Joanna, Marie
y Louise, su trabajo infatigable; y a todas las personas que siguen desde el
principio, ya sea de cerca o de lejos, el proyecto Petites Luxures, así como
a todas las personas que creen y ayudan a otros a creer que la intimidad
y la sexualidad positivas pueden ser fuente de poesía, de humor y de ternura.

Simon

La edición original de esta obra ha sido publicada en Francia en 2024
por Gallimard, en la colección Hoëbeke, con el título

En primer lieu

Traducción del francés
Montserrat Asensio

Av. Diagonal, 402 – 08037 Barcelona
www.cincotintas.com
@editorial_cincotintas

Primera edición: septiembre de 2024

Impreso en Italia
Depósito legal: B 14421-2024
Código Thema: VFVC
Sexo y sexualidad: consejos y temas

ISBN 978-84-19043-54-2

PEFC/18-31-280